AF193684

Escritos en la tierra

Escritos en la tierra

María Marí Roig

Círculo Rojo
EDITORIAL

Primera edición: enero 2024

Depósito legal: AL 100-2024

ISBN: 978-84-1061-454-3

Impresión y encuadernación: Editorial Círculo Rojo

© Del texto: María Marí Roig
© Imagen de portada e interior: Pilar Andueza Villarino
© Prólogo: Toni Roca
© Maquetación y diseño: Equipo de Editorial Círculo Rojo

Editorial Círculo Rojo
www.editorialcirculorojo.com
info@editorialcirculorojo.com

Impreso en España — Printed in Spain

El papel utilizado para imprimir este libro es 100% libre de cloro y por tanto, **ecológico**.

DEDICATORIA

Dedico esta antología poética a todos mis amigos, pero también a conocidos y seguidores en redes sociales que me han leído y que, con sus palabras, me han animado e impulsado a dar forma a cada verso. Muy especialmente a mis hijos Ferran, Gemma y Estela, y a mi nieto Marc, porque son mi inspiración y el libro de mi vida.

AGRADECIMIENTOS

A la excelente diseñadora gráfica Pilar Andueza Villarino por su generosa colaboración en las fotos y en el diseño de la portada del libro.

A la editorial Círculo Rojo y, en especial, a Raquel Martínez, que me ha guiado con mucha paciencia y amabilidad en todo el trayecto de la edición.

A mi buen amigo, poeta, columnista y escritor Toni Roca, por plasmar con su prólogo, su sello tan peculiar y por sus entrañables guiños a «nuestra tierra».

Y a todos aquellos que, de alguna manera, han facilitado que este pequeño ser en forma de papel saliera a la luz.

PRÓLOGO

GOTERS

«No el solc que rep el raig dens,
ni el colp de llamp que cau en tu.
A poc a poc el camp que beu:
el glop del floc»
(JESSICA FERRER ESCANDELL).

Ahora —y espero que solo sea el inicio a otras aventuras y odiseas creativas/literarias infinitas— la voz de la poesía, la poética, podría decir, y en plenitud llega, nos llega, que la aventura es común y a la vez plural, de la llamada por la historia de la Eivissa profunda, aquella que asume y amplia el sentir de la tierra nuestra, de una Eivissa quizá en estado de agonía, pero que, merced a todo, pese a todo, aguanta y resiste, empuja también, con el objetivo principal, único, de sobrevivir a la nueva —no tan nueva— de los tiempos cambiantes. ¿Evolucionar a peor?, quizá sería la pregunta. ¿Hay algo más ibicenco que las míticas torres de Balàfia? Pero este hoy no es el tema al cual soy invitado generosamente por la autora de *Escritos en la tierra*. El tema es otro; la poesía dúctil, sensitiva, de forma fragmentada lírica y seductora de un libro sencillo en apariencia, complejo a medida que el lector se introduce en la intimidad de unos textos nacidos al calor de su tierra natal —«Terra natal», diría el poeta Villangómez—, aquella tierra, esta tierra palpitante y sólida, fuerte, que la vio crecer a lo largo de los años hasta fructificar en el libro que ahora mismo centra la atención principal. La poesía de María Marí es rotunda y directa, clara. Se detectan diversos ejemplos: «Soy palabra, sedienta de ser poesía./Bebo versos sin rima/y rima sin versos».

Y más adelante afirma: «Aparezco en sílabas/delirantes, de la mano de un punto/que bucea como figurante/o una coma que susurra mis raíces...». María Marí, todo un acto de valor, se enfrenta a la realidad poética, a su realidad íntima, personal, en el experimento lúcido trasladado, ¿traducido?, a la verdad cotidiana que perfila, dibuja, ennoblece el sentir, todo el sentir, de su verdad poética existencial. Lógicamente, y aquí se podría citar a Neruda, el erotismo, el deseo carnal humanamente comprensivo, sumerge a la escritora por los caminos de una verdad casi absoluta, nada virtual ni producto de un ejercicio imaginativo. Es la arquitectura del poema, y eso ella lo sabe muy bien, es consciente y lo asume en plenitud. Otros ejemplos del libro: «Busco caricia/que toque el alma/que mime mis huesos desnudos/que apriete mi mano en el insomnio/que alise la arruga sorprendida/ en el espejo...». Son puntos, referencias, claves imprescindibles que ayudan a descifrar el enigma, la clave sobre la que gira el azar del camino poético, del arriesgado camino que siempre es la poesía. María ha escrito un libro de intención y reflexión abierta a la interpretación más diversa y singular. Frases cortas, punteadas, donde fluye como si de un río —¿el río de la vida?— se tratara. *Escritos en la tierra* es el producto maduro que surge y se abre hacia la verdad que nunca se sabe. ¿A dónde nos podrá conducir el futuro, la verdad del futuro que está ahí, a la vuelta de la esquina? De momento, vive y pervive el presente. Un presente poético que afirma entre otros versos: «Caricia larga que envuelva/mi lumbago hasta la madrugada/y mis sueños doloridos/y la voz de mis remordimientos…». María, llorencera, de Sant Llorenç, *enhorabona i molts anys i bons.*

TONI ROCA
Diciembre 2023

«Para ti, tarde quieta, que me asomas
a la tierra de mi padre.»

MI YO POÉTICO

«Un libro debe ser el hacha que rompa el mar helado
que hay dentro de nosotros.»
(FRANZ KAFKA)

Soy la poesía de esa tierra
que abandoné para descubrir
todo lo que no era.
Un reencuentro que me sorprende,
aunque lo identifico en mi piel:
en la niña de las dos trenzas,
en la adolescencia caprichosa,
en la madre temprana,
en la eterna soñadora,
en los desengaños,
la vida sin freno,
las noches sin dormir.
Y ahora, en la soledad,
se afianza con más fuerza,
desordenada y libre.
Con la belleza primitiva
del alma desnuda
me toca los nudillos,
me abre los cajones,
me da vueltas en la almohada...

TRÁNSITO

Dejé atrás la bruma y el atardecer,
y la euforia de las risas,
entrando la noche,
y el foco incandescente
sobre el mendigo
buceando en sus manos vacías.
Dejé atrás las voces que se perdían
en las calles oscuras
y el hueco de los paseos
que se quedaron desnudos.
Dejé atrás el ladrido de un perro
en la puerta cerrada
y el llanto de una niña que se esfumaba
detrás de la ventana.
Deje atrás el color de los burdeles
y unos tacones desgastados sobre el asfalto,
y la voz de las llaves cerrando la calle,
y el calor de las lámparas en las salas de estar.
Y transité en los sueños
hasta encontrar distinto despertar.

AL AMANECER

Hoy el café es más amargo.
Y el silencio, solo interrumpido
por una leve brisa
incauta y atrevida...
Nada se mueve
en el exterior dormido.
Esperan mi salida
las aves del tejado,
las hojas no levitan,
ni las ramas crujen
con el viento lejano.
Se despierta el aroma
de las rosas olvidadas.
No muevo la sábana
ni piso el suelo denso.
Todo está tan quieto
que camino lento,
no interrumpo el aire
ni al abrir la puerta.
El reloj avanza
en un tiempo muerto.
Un cajón entreabierto
autoriza la salida
y me da la mano
un susurro interno.

LA TIERRA

Abro mis manos
solo para recogerte,
te instalas en la yema
de mis dedos.
Doy pasos lentos
para no desprender
los recuerdos
y con mis pies desnudos
juego con el polvo
árido de mi niñez,
enredado entre
blancos pedruscos.
No parpadeo,
en mis ojos abiertos
acude el silencio
para atrapar
imágenes vivas,
latentes.
Roza mi piel
la vieja bruma,
la vieja escarcha,
removiendo
el despertar
como un arco iris
de palabras.
Y en el valle
suena el eco
de una vieja canción,
pintada de acuarelas
y de niños vestidos
de uniforme.

INSOMNIO

Hoy el insomnio
no me ha despertado.
He seguido por los claroscuros
de la noche,
colocando la almohada
como desván
de mi pasado.
Y en la sábana envolvía
los errores
que zarandeaban mi cuerpo,
esclavos de las tinieblas.
Jadeantes.
Tanteando una rendija
entre el laberinto de preguntas.
Solo de madrugada
en mi mano resbaló
un beso de luz,
y eché a andar
por otro camino...

ASALTO

Miro a lo lejos.
Como si el tiempo
estuviera agazapado en la hierba
y me asaltara con ímpetu,
apuntando directo a mis recuerdos.
Con sus dedos ágiles,
acaricia mis trenzas de niña,
chequea mi otra piel,
la que soñaba con príncipes
y mundos inexistentes.
Aprieta mis sienes, que laten
la sangre salpicada
de ilusiones.
Y mira fijamente mis ojos,
a punto de atravesar
la inocencia.
Cuando me suelta,
caen los pedazos arrugados
de la euforia
y sigue el polvo
maquillando el presente.

AQUELLA CASA

Cuelgan las palabras
rasgadas por el tiempo.
En las cornisas dilatadas
reposa el musgo,
dibujando el abandono,
con el aliento de antaño
y el denso rumor
del silencio.

Habitan telarañas
envueltas en el aire,
juegan con los recuerdos,
con las letras suspendidas
que te arropan
con las huellas
del olvido.

Subes un peldaño y se activa
el vals que rememora el baile,
que llena la estancia.
En las faldas almidonadas
se impregnan las miradas
y el niño travieso se esconde
en una puerta sin salida,
observa las caricias aisladas
y escribe con tiza de carbón
los suspiros, los que
surgen del primer amor,
cuando se cuela la luna
entre los abrazos.

Y el último día,
del último suspiro
se lamenta el viento
que atraviesa el vacío
buscando lo que yace
entre las tinieblas,
y el frío amargo cierra
de un portazo.

RECUERDO DE SANGRE

Guardo en la mochila
una piedra ensangrentada.
Ni los años ni el silencio
han borrado sus huellas,
ni el eco del miedo,
ni el pánico de un grupo
pisándote los talones
en el trayecto desde la escuela.

Conoces esa calle hecha de escondites,
canicas, rayuelas, cicatrices…
e intuyes que hoy no será un espacio
de juegos, risas y merienda.
Sus voces sarcásticas
se diluyen en el aire
y observas una sombra
que empuja tu espalda,
que se agranda y te engulle
como la mano que sujeta la rabia.

Tus pies ligeros conducen
la tarde y la zozobra,
el horizonte anuncia la noche
y te ves envuelto en un rebaño
que cruza el camino.
Al salir de la manada, un estruendo
en la cabeza te paraliza,
sientes humedecer las mejillas
y lágrimas de sangre riegan tus pies,
una piedra rueda en tu espalda
y el entorno empieza a dar vueltas.

Un sueño de dolor y angustia
te despierta en la madrugada…

ENTRE LAS SOMBRAS

Está ahí, acechando,
anclada en la penumbra,
oliendo a huecos grises
en la tierra abandonada
y a lentas tardes de otoño.

No mejora el intenso suspiro
si no encuentra alivio,
si los pasos no cambian la cadencia,
si la mirada no encuentra brillo,
más allá de la tormenta.

Y surgen las palpitaciones,
palidecen las manos con el
latir perezoso del pecho dolorido.
Solo una lágrima densa
encuentra la soledad ahogada
entre las sombras.

ESPEJO

Hay un espejo
que me transmite vida;
un vaho recurrente
cada mañana,
que se desliza
levemente;
una hoja mueve el rocío
que empaña los cristales;
y en el fondo, el humo de tu cigarro
y el café sobre la mesa.
Sentada en el diván,
el mismo espejo
me devuelve el trajín
de un despertar denso
con semblantes ajenos,
distorsionados.
Luego tú te vas
y yo me quedo sola
frente a ese espejo
que busca una imagen
más allá de mi mirada…

MONOTONÍA

Es la espera
a que algo ocurra en el silencio,
a que manche la gota de lluvia,
a que la brisa dance las hojas
con la música del viento.
Es la espera.
Que los besos maquillen tu boca,
que las risas muevan tus labios,
que la piel se erice en la tormenta.
Es la espera.
Que la mariposa sobreviva a la noche,
que el milagro supere la inocencia,
que las rosas huelan como antes.
Es la espera
que cabalga cada madrugada
en el jardín desierto.
Que aquel sueño perdido
se tropiece con el tiempo.

FLECHAZO

En el silencio de la noche
andaba la soledad libremente,
ni deshojando la margarita
entendí tu suerte. Las hojas blancas
eran como puñales sobre la mesa.
Como pasajera inquietante,
se paralizó tu mirada. Negra y tensa.
Caminamos sin aspavientos
para no romper el tiempo,
hasta que el viento desordenó el sí y el no
y un flechazo entró por la ventana.
Era la madrugada, liberadora de pesadillas.

GUARDARÉ LAS HORAS

Enmarcaré mi tiempo
perdido,
lo ilustraré
con hilos de papel.
Dibujaré fragmentos
de cinco minutos
con el tic tac
de un reloj que
no puede fingir
detenerlo.
Lo envolveré
en un lienzo de cristal
y poco a poco
invertiré cada segundo
en los versos que yacen
dormidos,
como goteo incesante
de letras precisas
y olvidadas,
como lágrimas
densas
en palabras
de color.

EL DÍA ROMPE EL EQUILIBRIO

No sé qué hago en esa tierra fértil,
en ese escenario de cuento,
en esa línea capaz
de describir las más
sabrosas historias,
sentada en un diván vacío,
con la comodidad de la pereza
y el miedo a romper el equilibrio.
Aquel que se fue por atender
pasiones y aventuras,
trampas que muerden la cola
de un dibujo recto y que lo tuercen
con pinceladas de perplejidad,
que hieren el tiempo
y lo convierten en una crítica
constante…

CABLE INVISIBLE

Intuyo el cable con la mirada
y una canción me saca de
aquel hueco sin luz;
es una voz suave y contorneada
penetrando en cada escondrijo,
lamiendo la tristeza,
acariciando cada lámina del suelo,
como burbuja que se escapa
de la fuente y recorre los poros
de la tierra y de la piel.
Las sombras se intercalan
en un baile, serpenteado
sobre el jardín sin flores.
Risas infantiles fluyen
sobre la fuente
y el musgo colorea mis pupilas
en el preciso instante que
los párpados abren el escenario
de aquel sentimiento estéril.
Rescato el tibio frenesí
de las secuelas de la melodía
y empiezo a caminar
dejando el hueco tras de mí.
Aquel viejo hueco de tristeza.

SILENCIO

A veces te despojan de las palabras,
incluso de las que te han regalado,
y te quedas desnudo,
crudamente desnutrido,
y en silencio;
ese silencio que solo conocen
las olas cuando se desprenden del mar
y en el retroceso se pierden en la arena,
invisibles,
hundidas.
Que solo la soledad
advierte tras la puerta
en capas densas,
en movimientos fríos
y pasos lentos.
Que solo la piel curtida
presencia, agrietada,
bajo el sol;
con las heridas latiendo
y esperando la lluvia.
Ese silencio que solo
conoce el misterio
que te hace sentir culpable.

A SOLAS

Te arrebujas
con la piel almidonada,
agrietada entre tus brazos.
Te exprimes las heridas,
enredadas
en los hilos
del satén de tu vestido.
Acaricias
el aire que sujeta
las palabras
y en tus manos
apoyas los pensamientos
que mitigan
el intenso
momento
a solas contigo.

TRANCE

Estás vacío.
Ni sientes, ni padeces.
Ni el viento ni las cigarras
mueven el flujo de tu sangre.
La desilusión ha salpicado
cada latido en tus venas.
Eres como un tren detenido
y desocupado en medio de la nada,
como el bullicio de la gente
en una puerta sin salida,
como el fuego estrangulado
en las cenizas,
como las olas arrebatadas sobre
el acantilado,
como la lluvia encogida en charcos
de barro,
como la luna sin fases y las estrellas sin cielo.
Inmóvil,
inerte,
inanimado.

LA ÚLTIMA GOTA

«Ah, silenciosa!
He aquí la soledad de dónde estás ausente.
LLueve. El viento del mar caza errantes gaviotas.
El agua anda descalza por las calles mojadas.»
(PABLO NERUDA, 1924)

Me he convertido en mi pena,
última gota de lluvia
que alarga la tristeza
y mira la soledad ante el diluvio.
Los sueños se acortan
y se agranda el recorrido,
desde los amaneceres puros
y las conciencias limpias.
¿Dónde cayeron las flores
que soñaban con un jardín eterno?

SER UNO MISMO

Tienes un rumor clavado
en la espalda
con agujas de cristal.
Hay palabras que taladran la ilusión,
se desintegra como pétalos
que arranca la tormenta.
Buscas ese espacio
que forma una burbuja,
que te hace invisible,
que puedes inhalar el mundo
con la belleza que germina
el silencio.
Ellos no ven tu corazón,
solo lo rasguñan,
le dan la vuelta con las manos vacías
de sentimientos.
Te has vuelto ciego
ante las diferencias,
ante las etiquetas.
Amas por igual a todos los colores
y crearías con ellos un lienzo
de versos, un marco de líneas
profundas.

HABLÉ CON LA LUNA

Ayer noche
hablé con la luna
detrás de los cristales,
a través de la bruma.
Desgrané mis miedos
en sus huecos grises,
y al cruzar su piel
me quedé sin aire,
como pluma silenciosa
flotando entre mis sueños.
Busqué el misterio
saltando en la penumbra.
Abrazada a su aura,
enredé mis dedos
entre sus caricias.
Me ofreció matices,
relatos secretos,
palabras ocultas…

LLOVERÁ

Llegará la lluvia
cabizbaja y con las manos
sudorosas.
Abortará el estío asfixiante
en la sombra de los pinos.
Acumulará el polvo hiriente
en el reflejo del río.
Y caminará en los riachuelos
toscos y sedientos.
Llegará la lluvia
y en mis ojos dibujaré
imágenes de antaño.
Con la casa oscura,
en el umbral de la puerta,
asistiré al espectáculo
acariciando el agua con los pies.

OTOÑO

Le robé al verano su esencia de colores,
el calor frustrado, la lluvia apelmazada,
las horas desgastadas, los días desaliñados…

Le robé al verano el amor desbordado
y desgrané las palabras vacías
cargadas de vanas fantasías.

Le robé al verano la luz desmedida
y condensé sus aromas
en frascos de tiempo perdido.

Esperé el instante para vestirme de gala,
maquillar mis mañanas de escarcha,
cubrirme de alfombras doradas
y reflejarme en ríos de plata.

Esperé las tardes quietas
bajo un cielo de azabache,
para embriagarme con las risas del viento,
con el rumor de la tormenta sobre la calzada.

Y me ausenté al amanecer del invierno.
Resaca de sueños cruza mi ventana.
Lágrimas plomizas sobre la almohada.
Sábanas frías de nieve blanca…

MAR

Aunque no puedo verte
sé que estás allí,
ancha y profunda,
con tus reflejos en busca
de la madrugada,
tus voces de sirena
y lunas pintadas
en láminas plateadas.
Proteges de la noche
a las casas vertidas
sobre el cielo
dibujado en tu regazo.
Ahuyentas a piratas
de otras tierras
con espasmos de ira
en lenguas de tu boca
dolorida.
Mansa y equidistante,
furia y equilibrio,
infinita y tenebrosa.
Desde mi cobijo,
te siento y te respeto,
como alma lejana
que a veces ignoro
y a veces medito…

HOJAS PERDIDAS

Huele a otoño,
se cuela
por la rendija
entreabierta,
va derritiendo el verano
reseco
y cansado.
Siembra aromas
en las esquinas
de un estío arduo
y estéril.
Lo empuja
lentamente
matizando sus colores.
Una hoja dorada
sobre la piel canela,
un ruido lejano
a voces marchitas;
secuencias,
latidos,
brisas fugaces,
cruzan el aire tibio.

Caen lágrimas
de rocío,
se deslizan suavemente
en el crepúsculo
de la tarde quieta.
Hojas secas;
el viento dibuja
coreografías
en el espacio,
se entrelazan,
juegan en remolinos,
acarician los pies,
se liberan
de las ramas:
tan cerca
y tan lejos,
tan secas,
tan solas…

«El desamor se alimenta del amor ausente.»

AUNQUE...

¡El amor existe!,
aunque a retazos
o envuelto en papel desechable.
En el espejo desnudo,
aunque se vista de negro.
En la luz que entorna los ojos,
aunque surjan nubes grises.
En la elegancia del sombrero,
aunque luego te lo quites.
En el revoloteo de tu falda,
aunque la brisa termine.
Entre tu distancia y la mía,
aunque se esfume al cruzarnos.
En el calor de la chimenea,
aunque se reduzca a cenizas.
En la risa que se transforma en lágrima,
en la flor que se marchita.
El amor existe en tu mirada,
aunque luego la retires...

AMOR

Este poema está ahí,
detrás de la puerta
He escuchado sus letras
esta noche.
Habla de ese día
que nos perdimos
en la tarde.
Tu mirada me conducía
entre el arcén
y los destellos de luz.
Pensé que eras un sueño
de papel que se esfumaba
entre las ramas desnudas.
Pensé que tus palabras
estaban repetidas
en la noche de neón
y se descomponían en la alborada.
Pensé que tus manos
habían construido el tacto
que nos llevó al primer beso.

AMAR A PESAR DE TODO.

He jugado
con mis sueños de papel
en tus largos silencios,
pero los rompí
para escribir poemas.
Y cuando no encontraba
palabras para el dolor,
empecé a amar el tiempo
de las carencias
y a congelar las cicatrices,
para acordarme
de que las heridas, a veces,
se gestan amando.

CAE LA NOCHE

Cae obstinada la noche,
en silencio.
Casi no distingo el aire
que mueve las hojas secas.
Oigo tus pasos
en el claro del día que se
apaga en el horizonte,
y en tus manos
guardas las caricias que me
vas a dar mañana.
Late en mi piel
tu último beso
y espero
que las tinieblas susurren
las palabras
que me roba la distancia.

ÍMPETU

Amar atravesando la piel
colgando la cordura en el dintel,
y abrir la puerta con la fuerza
que los besos desnudan el tiempo
sin caricias,
apartando las heridas
con el ímpetu de unas manos
sedientas.

CAFÉ FUERTE

Hoy he vuelto a soñar en blanco y negro
y a café fuerte.
He visto la sombra de tu sombrero
pintada en las farolas,
y una flor en la mesa absorbía tu perfume.
Escribí un verso de dolor con acentos de azúcar.
Tu silueta avanzaba por la avenida
y las cortinas de seda acariciaban tu ausencia.
Removí las letras con una lágrima discreta
y dejé una nota pegada en los cristales:
«El café del desamor tiene sabor a libertad».

EN ALTA MAR

La tierra se aleja,
y con ella, la nostalgia.
No sólo las montañas
tienen heridas.
Las huellas del desamor
conjugan el verbo amar
en todos los tiempos
y se desintegran al abrir
la madrugada.
Son como un viejo amigo
que te acompaña todo el día
y te recuerda que el mar
no las borra, solo las remueve.

POR UN BESO

Envolví un secreto
en algodones blancos
para curar las heridas
del pasado
y guardé ilusiones
en un pañuelo de colores
para la próxima primavera,
pero cuando encontré
un beso perdido en tu piel
se detuvo el día sobre la ventana
y fui, de nuevo,
mariposa al viento.
Supe entonces que las olas
guardan misterios en la arena
y que el mar está hecho
de lamentos.

SOLO UN RECUERDO

Recordé las noches sin luz,
la espera,
la discordia,
el miedo,
la tristeza,
y entre las sábanas
abracé la soledad
y la fría distancia.

Solo un recuerdo efímero
entre tus brazos.
Solo una lágrima acarició
el primer beso.
Solo un temor paralizó
nuestros cuerpos.

Y en la almohada
dejamos los suspiros,
y en la piel dibujamos
las palabras
de la ausencia…

DE BRUCES CON EL TIEMPO

Cuando la vi, comprendí
todo lo que habíamos perdido,
en sus ojos de aquellos días,
en los sueños de las primeras letras,
en toda una vida que se esfumó
con todo el rastro de las heridas,
con toda la esperanza dividida,
con todas las migajas de otra historia.

Se retiraba la luna apoyada en
las nubes de antaño cuando
los reflejos tiritaban la primera lluvia
sobre el asfalto corrompido.
Y en el silencio perpetuo entre las dos
consensuamos todas las carencias
para no volver a mortificar
el pasado.

Con las manos entrelazadas
escuchamos *No me quitte pas*
(no me abandones)
mientras los riachuelos
empapaban nuestros pies
y esquivamos las piedras
del camino. La música
rememoró nuestra sonrisa
y fuimos luces en la noche.

SABOR AMARGO

Hoy la ilusión se deshizo en palabras.
¿Por qué el silencio se evaporó entre las mesas?
Tú comías,
palabras hirientes entre tus labios.
Yo masticaba
y sorbía un vaso de vino blanco.
Miraba fijamente la lluvia
rebelarse en los cristales
y tus voces humeantes
salpicaban mi cara con frenesí.
El viento soplaba,
golpeando la puerta entreabierta,
y el murmullo
atrapaba mis respuestas,
confundida,
con un sorbo en la garganta.

La tormenta se fue
por los caminos de la noche,
y se hizo la luna…
Entonces comprendí
que desde la acera
me llamaba el silencio,
entre caminantes
vestidos de negro.

EL ÚLTIMO DÍA

Tiritan las llamas
a pesar del fuego,
más que sus palabras
frías y distantes
y que sus ojos directos
al carbón gestante.
No moja la tormenta
a pesar de la lluvia,
solo en mis mejillas
resbalan gotas lentas.
Dice que su orgullo
supera mi afecto
y que ignoré su espera
en vuelos y andenes.
Una ráfaga intensa
salpica mi aliento y no
sopla humo
a pesar del viento.
Se levanta erguido,
cruzando el silencio,
arrogante y fiero,
frente a mi sorpresa…

«Papel en blanco en la mirada del poeta:
dolor de musas.»

ALEGRÍA

Soy un relato arrugado
detrás de la ventana.
He pasado la noche
torturando al autor
y removiendo las letras
en un sueño denso y convulso,
como coágulo buscando la salida.
Me fugué de la oscuridad
y al abrir la ventana
me desplegué claro y conciso
como una a de alegría
en la sonrisa del escritor.

PALABRA

Soy palabra, sedienta de ser poesía.
Bebo versos sin rima
y rima sin versos.
Me alimento de escritos
en silencio, de lágrimas
que borran mi memoria
e introduzco, de nuevo, en la pluma.
Soy palabra agrupada
en versos asonantes
esperando la música
de una voz errante.
Aparezco en sílabas
delirantes,
de la mano de un punto
que bucea como figurante
o una coma que susurra
mis raíces.
Soy palabra moldeada
a gusto de poeta,
narrador o liberador
de letras atrapadas,
de historias congeladas.

METAMORFOSIS

Soy un texto en blanco
esperando esa mano que dibuje mi esqueleto.
¿Tendré final feliz o frustrado?
Rápidamente voy tiñendo líneas de papel,
pero me bloqueo, incapaz de avanzar.
Además, estoy deformado, me pisan y pierdo
fragmentos.
Estrujan fuertemente la hoja que me sostiene,
y, con un golpe seco, me diluyo en la oscuridad.
Aunque latente, permanezco aletargado varios días.
Resurjo de mis cenizas y tomo vida.
Varias teclas me lanzan sobre un papel desnudo.

FRENTE A MÍ

Huésped incesante.
Verso desnudo frente a mí,
clama palabras desde mis labios,
abandonadas entre la respiración
y perdidas en la almohada.

Dame la llave de tu boca
para abrir la noche de tu pasión,
descifrar las letras de tus gemidos
en las hojas quietas de la mañana.
Sobre el alféizar de la ventana,
un cuadro blanco guarda el secreto
de tus sueños en letras inacabadas.
Yo, expectativa de tu piel, espero
llenar la estrofa de tus entrañas
y, mirando la luz de tus ojos,
encontrar sonetos entre las sábanas.

«Demasiadas ventanas para una ciudad desolada
y un paisaje que nadie puede ver»

DÍAS DE CONTAGIO

Aparto la esencia
de la madrugada.
Hay café sobre la mesa
pero su olor es amargo.
Las cortinas sacuden
el viento frío que entra
por la ventana.
El sol es cauto
y camina lento,
espera noticias
que alarguen la mañana,
pulsando el timbre
de la desesperación.
Quizás permaneces
adherido cerca de mí,
invisible y burlón,
consciente de mi espanto.
Tiembla mi mano
deshojando la margarita
del tiempo que no espera,
que avanza sin control.

Un sorbo caliente

Miro los lirios blancos.

Una esperanza…

FRENTE AL ENEMIGO

Anduve caminos desiertos atestados por tu presencia
y derramé lágrimas confinadas que buscaban su
cauce en un río anegado en silencios.
Encontré calles olvidadas con el eco del terror
detrás de los cristales.
Y sentí cómo temblaba mi ausencia al descubrir
otro día sin pasaje de salida.
Me conformé percibiendo los abrazos rotos
que aguardaban detrás de los portales,
y buscando estaciones para un abril
que pasó de puntillas disimulando su perfume.
Envolvimos días soleados como premio
a la libertad,
y por la noche aplaudimos a un escenario vacío,
a los héroes de guerra que sin, apenas, armas,
lograron derrotarte.
Y la luna alumbraba nuestra mirada perdida
y tendía de júbilo nuestro reencuentro en los
balcones.

ABRIL SIN PIEL

En esta tarde desnuda
claman los abrazos,
como lamentos de un abril
anegado en silencios,
herido por flechas invisibles
y eterno pasajero de un convoy
sin retorno y sin peaje de salida.

Pero deja huellas limpias
en un entorno umbrío,
como si la arena no supiera
de nombres
y la impotencia sembrara
jazmines y peces de colores.

En esta feria de locos consumistas
el mundo no ve la sangre
cuando no percibe la batalla.
Se abre la vereda
para una tierra fértil
y un libro para la historia.

DESPUÉS DEL SILENCIO

El silencio no apaga tormentas,
solo las distrae.
Cerramos con llave
la euforia de las voces,
las que chocan en el aire
y desprenden granizadas de dolor.
Cuando se diluyen,
avanzan leyendas extrañas
de muertes y perturbados,
en un escenario irreal
y fantasioso.
Miramos con un ojo abierto
a través de la ventana del terror
y avanzamos hacia la noche
que nos libere de la agitación social
hasta el amanecer.
Pero las sábanas nos recuerdan
que su envoltorio
solo nos quita el aire,
no el temor,
y escribimos sueños
que nos conducen
al alba de
la era posterior.

TESTIGO SIN HUELLAS

Cae la nieve sin cesar,
testigo de una ciudad
que se rompe,
que se convierte en ceniza.
Digna y valiente,
desgrana la tragedia,
cubre las heridas,
la sangre en los boquetes y
las lágrimas perdidas.
Impotente y desnuda
frente una barbarie
sin rostro y una cobardía
que empuña la maldad.
Abatido el sol en el horizonte
claman las estrellas cielos limpios,
en un grito que desgarra la pausa
de la noche insomne
y el desordenado amanecer
sobre la muerte.

Solo un pájaro herido
mordisquea la libertad.

INVISIBLES

Caminan figuras ausentes
con perfil tedioso.
Auguran, simulan,
bajan la mirada.
Sus manos ajadas
entretejen tiempo.
Perfilan rumores y
roban miradas lejanas.
Escuchan ladridos,
enfurecen vientos.
Pausan su destino,
invierten mendigos,
florecen mezquinos
burdeles de aseo,
grietas en su techo
malherido...

«El final no significa la muerte,
es la huella que queda en los demás;
como al terminar un libro.»

VEJEZ

Soy el bastón que acompaña tus paseos,
la cojera que interrumpe tus pasos,
el dolor que irrumpe en tus huesos.

Soy la pena que encoge tu cuerpo,
la lágrima que arranca tu tristeza,
la agonía que destroza tu piel.

Soy la marea en tu memoria,
el silencio en tus oídos,
la luz que se apaga en tus ojos.

Soy el viento que te detiene,
la lluvia hostigadora,
la tierra que resbala bajo tus pies.

Soy el pesar de la ausencia,
la amarga soledad,
la fuerza del olvido.

Soy la voz del recuerdo,
la huella del destino,
la puerta del adiós.

CARICIA

Busco caricia
que toque el alma,
que mime mis huesos desnudos,
que apriete mi mano en el insomnio,
que alise la arruga sorprendida
en el espejo;
caricia larga que envuelva
mi lumbago hasta la madrugada
y mis sueños doloridos,
y la voz de mis remordimientos.
Tendrá todos los abrazos libres
y los domingos descansará,
como descansan las notas de un piano
en el mejor de sus conciertos.

VINO PARA QUEDARSE

Lo hizo lentamente
mordiendo tu piel,
jugando con tu respiración,
cerrando tus ojos
y abriendo las ventanas
para dormir en el dintel de la noche.

Estabas más con ella que conmigo,
solo tus frágiles dedos
alcanzaban a rozar mi mano.
No podía escuchar tu voz,
aunque gritabas «adiós»
y la fuerza de tus palabras
solo pulsaba mi tristeza.

Tan sola y encerrada,
tan sola en la oscuridad.
Caliente la tierra
que usurpa tu esencia.
Flores blancas
resisten la pena
y su aroma se queda
en lágrimas nuestras.
La muerte vino para quedarse.

(A mi madre)

SUS RESPUESTAS

La última vez que la vi
tenía dos flores blancas en el pecho,
sus manos numeraban las perlas
de un rosario, inventario de
los secretos que la hicieron cautiva,
prisionera de sus sentimientos.
El aire frío de su piel mantenía
su sonrisa, su mirada limpia,
su dolor inquebrantable.
Pero había ecos de su alma
relatando sus pesares y
escribiendo épocas felices
que me contaría a través
del tiempo, a través
de los pasos de mi vida...

Índice